寫·金剛經

—— 張明明 範帖書寫 ——

能斷一切執著，與現實生活契合圓融的自我修行

本書使用方法

字安則心安，字穩則心定。

出版「寫經寫字系列」的起心動念，很單純，就是給自己一段時間好好寫字，感受筆落紙上，在一筆一畫中重新回歸身心的安定力量。

惶惶不安有時，焦慮難耐有時，疫情天災更放大了不安穩與不確定，當你感到混亂的時候，就來寫字吧。

寫什麼都可以，從寫經入手，為的是在專心摹寫的過程裡，可以收斂自己紛雜的心緒，可以在呼吸落筆之間收束意念，修習定的工夫。

時至今日，寫經除了傳統概念上的「抄經以利佛法流傳」的發心祈願外，不是佛教徒同樣也可以藉由寫經傳遞與人結善緣的祝福心意，無須心有罣礙。

該如何開始寫？選擇一個喜歡的版本當然是最重要的，

如果是佛教徒的話，可以遵循宗教儀軌，先沐手，端身就坐，收攝身心，默唸〈開經偈〉一遍。然後開始寫經，寫完之後再恭頌〈迴向偈〉。

若是只是想單純藉由寫經來練字定心，專念一意是最重要的，字醜字美有無錯漏都不需懊惱，錯字旁畫◯，在空白處補上正確的字，無須塗改，繼續書寫即可。

當你想把寫經的祝福心意傳遞給他人時，可以在寫完經文之後，寫下①當天日期，②寫經人姓名，③迴向（默想傳送心意）給祝福的人，這樣就可以將你的誠懇心意圓滿表達。

【關於金剛經】

《金剛經》全稱為《金剛般若波羅蜜經》（也譯做《佛說能斷金剛般若波羅蜜多經》）。

是釋迦牟尼佛在「祇樹給孤獨園」為長老須菩提宣說的經典。

收錄在大藏經中的《金剛經》有六種譯本，其中以姚秦．鳩摩羅什譯本流傳最廣。

《金剛經》共計五千八百三十七字，原始經文並沒有分章品，而鳩摩羅什譯本的《金剛經》分成三十二章，這是南朝梁武帝時的昭明太子為了方便理解經文所做的分法。

《寫．金剛經》經文附有句讀，方便邊寫邊唸誦，掌握節奏，但格式仍依佛經原始版本，採連寫方式，不分章品。

A4大開本使用半手工式的糊頭包邊裝訂，可以書寫五遍。由於大多數人習慣右手書寫，經文的翻頁特地安排由下往上翻，讓寫字時的右手前臂不受干擾，享受更愉悅的寫經體驗。

本書經文採用鳩摩羅什譯本。

張明明老師的書寫範帖，是臨摹溥心畬先生五◯年代所寫的《金剛般若波羅蜜經》。這是溥心畬先生應福建居士嚴笑棠之請而書，秀朗雅致，氣韻生動。

金剛般若波羅蜜經

姚秦天竺三藏鳩摩羅什譯

如是我聞一時佛在舍衛國祇樹給孤獨園與大比丘眾千二百五十人俱爾時世尊食時著衣持鉢入舍衛大城乞食於其城中次第乞已還至本處飯食訖收衣鉢洗足已敷座而坐時長老須菩提在大眾中即從座起偏袒右肩右膝著地合掌恭敬而白佛言希有世尊如來善護念諸菩薩善付囑諸菩薩世尊善男子善女人發阿耨多羅三藐三菩提心云何應住云何降伏其心佛言善哉善哉須菩提如汝所說如來善護念諸菩薩善付囑諸菩薩汝今諦聽當為汝說善男子善女人發阿耨多羅三藐三菩提心應如是住如是降伏其心唯然世尊願樂欲聞佛告須菩提諸

菩薩摩訶薩應如是降伏其心所有一切
眾生之類若卵生若胎生若濕生若化生
若有色若無色若有想若無想若非有想
非無想我皆令入無餘涅槃而滅度之如
是滅度無量無數無邊眾生實無眾生得
滅度者何以故須菩提若菩薩有我相人
相眾生相壽者相即非菩薩復次須菩提
菩薩於法應無所住行於布施所謂不住
色布施不住聲香味觸法布施須菩提菩
薩應如是布施不住於相何以故若菩薩
不住相布施其福德不可思量須菩提於
意云何東方虛空可思量不不也世尊須
菩提南西北方四維上下虛空可思量不
不也世尊須菩提菩薩無住相布施福德
亦復如是不可思量須菩提菩薩但應如
所教住須菩提於意云何可以身相見如

来不不也世尊不可以身相得見如来何
以故如来所說身相即非身相佛告須菩
提凡所有相皆是虛妄若見諸相非相則
見如来須菩提白佛言世尊頗有眾生得
聞如是言說章句生實信不佛告須菩提
莫作是說如来滅後後五百歲有持戒修
福者於此章句能生信心以此為實當知
是人不於一佛二佛三四五佛而種善根
已於無量千萬佛所種諸善根聞是章句
乃至一念生淨信者須菩提如来悉知悉
見是諸眾生得如是無量福德何以故是
諸眾生無復我相人相眾生相壽者相無
法相亦無非法相何以故是諸眾生若心
取相則為著我人眾生壽者若取法相即
著我人眾生壽者何以故若取非法相即
著我人眾生壽者是故不應取法不應取

非法以是義故如來常說汝等比丘知我
說法如筏喻者法尚應捨何況非法須菩
提於意云何如來得阿耨多羅三藐三菩
提耶如來有所說法耶須菩提言如我解
佛所說義無有定法名阿耨多羅三藐三
菩提亦無有定法如來可說何以故如來
所說法皆不可取不可說非法非非法所
以者何一切賢聖皆以無為法而有差别
須菩提於意云何若人滿三千大千世界
七寶以用布施是人所得福德寧為多不
須菩提言甚多世尊何以故是福德即非
福德性是故如來說福德多若復有人於
此經中受持乃至四句偈等為他人說其
福勝彼何以故須菩提一切諸佛及諸佛
阿耨多羅三藐三菩提法皆從此經出須
菩提所謂佛法者即非佛法須菩提於意

云何須陀洹能作是念我得須陀洹果不
須菩提言不也世尊何以故須陀洹名為
入流而無所入不入色聲香味觸法是名
須陀洹須菩提於意云何斯陀含能作是
念我得斯陀含果不須菩提言不也世尊
何以故斯陀含名一往來而實無往來是
名斯陀含須菩提於意云何阿那含能作
是念我得阿那含果不須菩提言不也世
尊何以故阿那含名為不來而實無不來
是名阿那含須菩提於意云何阿羅漢能
作是念我得阿羅漢道不須菩提言不也
世尊何以故實無有法名阿羅漢世尊若
阿羅漢作是念我得阿羅漢道即為著我
人眾生壽者世尊佛說我得無諍三昧人
中最為第一是第一離欲阿羅漢世尊我
不作是念我是離欲阿羅漢世尊我若作

是念我得阿羅漢道世尊則不說須菩提
是樂阿蘭那行者以須菩提實無所行而
名須菩提是樂阿蘭那行佛告須菩提於
意云何如來昔在然燈佛所於法有所得
不不也世尊如來在然燈佛所於法實無
所得須菩提於意云何菩薩莊嚴佛土不
不也世尊何以故莊嚴佛土者即非莊嚴
是名莊嚴是故須菩提諸菩薩摩訶薩應
如是生清淨心不應住色生心不應住聲
香味觸法生心應無所住而生其心須菩
提譬如有人身如須彌山王於意云何是
身為大不須菩提言甚大世尊何以故佛
說非身是名大身須菩提如恒河中所有
沙數如是沙等恒河於意云何是諸恒河
沙寧為多不須菩提言甚多世尊但諸恒
河尚多無數何況其沙須菩提我今實言

告汝若有善男子善女人以七寶滿爾所
恒河沙數三千大千世界以用布施得福
多不須菩提言甚多世尊佛告須菩提若
善男子善女人於此經中乃至受持四句
偈等為他人說而此福德勝前福德復次
須菩提隨說是經乃至四句偈等當知此
處一切世間天人阿修羅皆應供養如佛
塔廟何況有人盡能受持讀誦須菩提當
知是人成就最上第一希有之法若是經
典所在之處即為有佛若尊重弟子爾時
須菩提白佛言世尊當何名此經我等云
何奉持佛告須菩提是經名為金剛般若
波羅蜜以是名字汝當奉持所以者何須
菩提佛說般若波羅蜜即非般若波羅蜜
是名般若波羅蜜須菩提於意云何如來
有所說法不須菩提白佛言世尊如來無

所說須菩提於意云何三千大千世界所
有微塵是為多不須菩提言甚多世尊須
菩提諸微塵如来說非微塵是名微塵如
来說世界非世界是名世界須菩提於意
云何可以三十二相見如来不不也世尊
不可以三十二相得見如来何以故如来
說三十二相即是非相是名三十二相須
菩提若有善男子善女人以恒河沙等身
命布施若復有人於此經中乃至受持四
句偈等為他人說其福甚多爾時須菩提
聞說是經深解義趣涕淚悲泣而白佛言
希有世尊佛說如是甚深經典我從昔来
所得慧眼未曾得聞如是之經世尊若復
有人得聞是經信心清淨則生實相當知
是人成就第一希有功德世尊是實相者
則是非相是故如来說名實相世尊我今

得聞如是經典信解受持不足為難若當
來世後五百歲其有眾生得聞是經信解
受持是人則為第一希有何以故此人無
我相人相眾生相壽者相所以者何我相
即是非相人相眾生相壽者相即是非相
何以故離一切諸相則名諸佛佛告須菩
提如是如是若復有人得聞是經不驚不
怖不畏當知是人甚為希有何以故須菩
提如來說第一波羅蜜即非第一波羅蜜
是名第一波羅蜜須菩提忍辱波羅蜜如
來說非忍辱波羅蜜何以故須菩提如我
昔為歌利王割截身體我於爾時無我相
無人相無眾生相無壽者相何以故我於
往昔節節支解時若有我相人相眾生相
壽者相應生瞋恨須菩提又念過去於五
百世作忍辱仙人於爾所世無我相無人

相無衆生相無壽者相是故須菩提菩薩
應離一切相發阿耨多羅三藐三菩提心
不應住色生心不應住聲香味觸法生心
應生無所住心若心有住則為非住是故
佛說菩薩心不應住色布施須菩提菩薩
為利益一切衆生應如是布施如來說一
切諸相即是非相又說一切衆生即非衆
生須菩提如來是真語者實語者如語者
不誑語者不異語者須菩提如來所得法
此法無實無虛須菩提若菩薩心住於法
而行布施如人入闇則無所見若菩薩心
不住法而行布施如人有目日光明照見
種種色須菩提當來之世若有善男子善
女人能於此經受持讀誦則為如來以佛
智慧悉知是人悉見是人皆得成就無量
無邊功德須菩提若有善男子善女人初

日分以恆河沙等身布施中日分復以恆
河沙等身布施後日分亦以恆河沙等身
布施如是無量百千萬億劫以身布施若
復有人聞此經典信心不逆其福勝彼何
況書寫受持讀誦為人解說須菩提以要
言之是經有不可思議不可稱量無邊功
德如来為發大乘者說為發最上乘者說
若有人能受持讀誦廣為人說如来悉知
是人悉見是人皆得成就不可量不可稱
無有邊不可思議功德如是人等則為荷
擔如来阿耨多羅三藐三菩提何以故須
菩提若樂小法者著我見人見眾生見壽
者見則於此經不能聽受讀誦為人解說
須菩提在在處處若有此經一切世間天
人阿修羅所應供養當知此處則為是塔
皆應恭敬作禮圍繞以諸華香而散其處

復次須菩提善男子善女人受持讀誦此
經若為人輕賤是人先世罪業應墮惡道
以今世人輕賤故先世罪業則為消滅當
得阿耨多羅三藐三菩提須菩提我念過
去無量阿僧祇劫於然燈佛前得值八百
四千萬億那由他諸佛悉皆供養承事無
空過者若復有人於後末世能受持讀誦
此經所得功德於我所供養諸佛功德百
分不及一千萬億分乃至算數譬喻所不
能及須菩提若善男子善女人於後末世
有受持讀誦此經所得功德我若具說者
或有人聞心則狂亂狐疑不信須菩提當
知是經義不可思議果報亦不可思議爾
時須菩提白佛言世尊善男子善女人發
阿耨多羅三藐三菩提心云何應住云何
降伏其心佛告須菩提善男子善女人發

阿耨多羅三藐三菩提心者當生如是心
我應滅度一切眾生滅度一切眾生已而
無有一眾生實滅度者何以故須菩提若
菩薩有我相人相眾生相壽者相則非菩
薩所以者何須菩提實無有法發阿耨多
羅三藐三菩提心者須菩提於意云何如
來於然燈佛所有法得阿耨多羅三藐三
菩提不不也世尊如我解佛所說義佛於
然燈佛所無有法得阿耨多羅三藐三菩
提佛言如是如是須菩提實無有法如來
得阿耨多羅三藐三菩提須菩提若有法
如來得阿耨多羅三藐三菩提者然燈佛
則不與我授記汝於來世當得作佛號釋
迦牟尼以實無有法得阿耨多羅三藐三
菩提是故然燈佛與我授記作是言汝於
來世當得作佛號釋迦牟尼何以故如來

者即諸法如義若有人言如来得阿耨多
羅三藐三菩提須菩提實無有法佛得阿
耨多羅三藐三菩提須菩提如来所得阿
耨多羅三藐三菩提於是中無實無虛是
故如来說一切法皆是佛法須菩提所言
一切法者即非一切法是故名一切法須
菩提譬如人身長大須菩提言世尊如来
說人身長大則為非大身是名大身須菩
提菩薩亦如是若作是言我當滅度無量
眾生則不名菩薩何以故須菩提實無有
法名為菩薩是故佛說一切法無我無人
無眾生無壽者須菩提若菩薩作是言我
當莊嚴佛土是不名菩薩何以故如来說
莊嚴佛土者即非莊嚴是名莊嚴須菩提
若菩薩通達無我法者如来說名真是菩
薩須菩提於意云何如来有肉眼不如是

世尊如來有肉眼須菩提於意云何如來
有天眼不如是世尊如來有天眼須菩提
於意云何如來有慧眼不如是世尊如來
有慧眼須菩提於意云何如來有法眼不
如是世尊如來有法眼須菩提於意云何
如來有佛眼不如是世尊如來有佛眼須
菩提於意云何如恒河中所有沙佛說是
沙不如是世尊如來說是沙須菩提於意
云何如一恒河中所有沙有如是沙等恒
河是諸恒河所有沙數佛世界如是寧為
多不甚多世尊佛告須菩提爾所國土中
所有衆生若干種心如來悉知何以故如
來說諸心皆為非心是名為心所以者何
須菩提過去心不可得現在心不可得未
來心不可得須菩提於意云何若有人滿
三千大千世界七寶以用布施是人以是

因緣得福多不如是世尊此人以是因緣
得福甚多須菩提若福德有實如来不說
得福德多以福德無故如来說得福德多
須菩提於意云何佛可以具足色身見不
不也世尊如来不應以具足色身見何以
故如来說具足色身即非具足色身是名
具足色身須菩提於意云何如来可以具
足諸相見不不也世尊如来不應以具足
諸相見何以故如来說諸相具足即非具
足是名諸相具足須菩提汝勿謂如来作
是念我當有所說法莫作是念何以故若
人言如来有所說法即為謗佛不能解我
所說故須菩提說法者無法可說是名說
法爾時慧命須菩提白佛言世尊頗有眾
生於未来世聞說是法生信心不佛言須
菩提彼非眾生非不眾生何以故須菩提

衆生衆生者如来說非衆生是名衆生須
菩提白佛言世尊佛得阿耨多羅三藐三
菩提為無所得耶佛言如是如是須菩提
我於阿耨多羅三藐三菩提乃至無有少
法可得是名阿耨多羅三藐三菩提復次
須菩提是法平等無有高下是名阿耨多
羅三藐三菩提以無我無人無衆生無壽
者修一切善法則得阿耨多羅三藐三菩
提須菩提所言善法者如来說即非善法
是名善法須菩提若三千大千世界中所
有諸須彌山王如是等七寶聚有人持用
布施若人以此般若波羅蜜經乃至四句
偈等受持讀誦為他人說於前福德百分
不及一百千萬億分乃至算數譬喻所不
能及須菩提於意云何汝等勿謂如来作
是念我當度衆生須菩提莫作是念何以

故實無有衆生如来度者若有衆生如来度者如来則有我人衆生壽者須菩提如来説有我者則非有我而凡夫之人以為有我須菩提凡夫者如来説則非凡夫是名凡夫須菩提於意云何可以三十二相觀如来不須菩提言如是如是以三十二相觀如来佛言須菩提若以三十二相觀如来者轉輪聖王則是如来須菩提白佛言世尊如我解佛所説義不應以三十二相觀如来爾時世尊而説偈言

若以色見我以音聲求我

是人行邪道不能見如来

須菩提汝若作是念如来不以具足相故得阿耨多羅三藐三菩提須菩提莫作是念如来不以具足相故得阿耨多羅三藐三菩提須菩提汝若作是念發阿耨多羅

三藐三菩提心者說諸法斷滅莫作是念
何以故發阿耨多羅三藐三菩提心者於
法不說斷滅相須菩提若菩薩以滿恒河
沙等世界七寶持用布施若復有人知一
切法無我得成於忍此菩薩勝前菩薩所
得功德何以故須菩提以諸菩薩不受福
德故須菩提白佛言世尊云何菩薩不受
福德須菩提菩薩所作福德不應貪著是
故說不受福德須菩提若有人言如來若
來若去若坐若臥是人不解我所說義何
以故如來者無所從來亦無所去故名如
來須菩提若善男子善女人以三千大千
世界碎為微塵於意云何是微塵眾寧為
多不須菩提言甚多世尊何以故若是微
塵眾實有者佛則不說是微塵眾所以者
何佛說微塵眾則非微塵眾是名微塵眾

世尊如來所說三千大千世界則非世界
是名世界何以故若世界實有者則是一
合相如來說一合相則非一合相是名一
合相須菩提一合相者則是不可說但凡
夫之人貪著其事須菩提若人言佛說我
見人見眾生見壽者見須菩提於意云何
是人解我所說義不不也世尊是人不解
如來所說義何以故世尊說我見人見眾
生見壽者見即非我見人見眾生見壽者
見是名我見人見眾生見壽者見須菩提
發阿耨多羅三藐三菩提心者於一切法
應如是知如是見如是信解不生法相須
菩提所言法相者如來說即非法相是名
法相須菩提若有人以滿無量阿僧祇世
界七寶持用布施若有善男子善女人發
菩薩心者持於此經乃至四句偈等受持

讀誦為人演說其福勝彼云何為人演說
不取於相如如不動何以故
一切有為法如夢幻泡影
如露亦如電應作如是觀
佛說是經已長老須菩提及諸比丘比丘
尼優婆塞優婆夷一切世間天人阿修羅
聞佛所說皆大歡喜信受奉行
金剛般若波羅蜜經

真言

那謨婆伽跋帝 鉢喇壤 波羅弭多曳
唵伊利底 伊室利 輸盧馱 毗舍耶
毗舍耶 莎婆訶

金剛般若波羅蜜經
姚秦天竺三藏鳩摩羅什譯
如是我聞一時佛在舍衛國祇樹給孤獨
園與大比丘衆千二百五十人俱爾時世
尊食時著衣持鉢入舍衛大城乞食於其
城中次第乞已還至本處飯食訖收衣鉢
洗足已敷座而坐時長老須菩提在大衆
中即從座起偏袒右肩右膝著地合掌恭
敬而白佛言希有世尊如来善護念諸菩
薩善付囑諸菩薩世尊善男子善女人發
阿耨多羅三藐三菩提心云何應住云何
降伏其心佛言善哉善哉須菩提如汝所
說如来善護念諸菩薩善付囑諸菩薩汝
今諦聽當為汝說善男子善女人發阿耨
多羅三藐三菩提心應如是住如是降伏
其心唯然世尊願樂欲聞佛告須菩提諸

菩薩摩訶薩應如是降伏其心所有一切
眾生之類若卵生若胎生若濕生若化生
若有色若無色若有想若無想若非有想
非無想我皆令入無餘涅槃而滅度之如
是滅度無量無數無邊眾生實無眾生得
滅度者何以故須菩提若菩薩有我相人
相眾生相壽者相即非菩薩復次須菩提
菩薩於法應無所住行於布施所謂不住
色布施不住聲香味觸法布施須菩提菩
薩應如是布施不住於相何以故若菩薩
不住相布施其福德不可思量須菩提於
意云何東方虛空可思量不不也世尊須
菩提南西北方四維上下虛空可思量不
不也世尊須菩提菩薩無住相布施福德
亦復如是不可思量須菩提菩薩但應如
所教住須菩提於意云何可以身相見如

來不不也世尊不可以身相得見如來何
以故如來所說身相即非身相佛告須菩
提凡所有相皆是虛妄若見諸相非相則
見如來須菩提白佛言世尊頗有眾生得
聞如是言說章句生實信不佛告須菩提
莫作是說如來滅後後五百歲有持戒修
福者於此章句能生信心以此為實當知
是人不於一佛二佛三四五佛而種善根
已於無量千萬佛所種諸善根聞是章句
乃至一念生淨信者須菩提如來悉知悉
見是諸眾生得如是無量福德何以故是
諸眾生無復我相人相眾生相壽者相無
法相亦無非法相何以故是諸眾生若心
取相則為著我人眾生壽者若取法相即
著我人眾生壽者何以故若取非法相即
著我人眾生壽者是故不應取法不應取

非法以是義故如來常說汝等比丘知我
說法如筏喻者法尚應捨何況非法須菩
提於意云何如來得阿耨多羅三藐三菩
提耶如來有所說法耶須菩提言如我解
佛所說義無有定法名阿耨多羅三藐三
菩提亦無有定法如來可說何以故如來
所說法皆不可取不可說非法非非法所
以者何一切賢聖皆以無為法而有差別
須菩提於意云何若人滿三千大千世界
七寶以用布施是人所得福德寧為多不
須菩提言甚多世尊何以故是福德即非
福德性是故如來說福德多若復有人於
此經中受持乃至四句偈等為他人說其
福勝彼何以故須菩提一切諸佛及諸佛
阿耨多羅三藐三菩提法皆從此經出須
菩提所謂佛法者即非佛法須菩提於意

云何須陀洹能作是念我得須陀洹果不
須菩提言不也世尊何以故須陀洹名為
入流而無所入不入色聲香味觸法是名
須陀洹須菩提於意云何斯陀含能作是
念我得斯陀含果不須菩提言不也世尊
何以故斯陀含名一往來而實無往來是
名斯陀含須菩提於意云何阿那含能作
是念我得阿那含果不須菩提言不也世
尊何以故阿那含名為不來而實無不來
是名阿那含須菩提於意云何阿羅漢能
作是念我得阿羅漢道不須菩提言不也
世尊何以故實無有法名阿羅漢世尊若
阿羅漢作是念我得阿羅漢道即為著我
人眾生壽者世尊佛說我得無諍三昧人
中最為第一是第一離欲阿羅漢世尊我
不作是念我是離欲阿羅漢世尊我若作

是念我得阿羅漢道世尊則不說須菩提
是樂阿蘭那行者以須菩提實無所行而
名須菩提是樂阿蘭那行佛告須菩提於
意云何如來昔在然燈佛所於法有所得
不不也世尊如來在然燈佛所於法實無
所得須菩提於意云何菩薩莊嚴佛土不
不也世尊何以故莊嚴佛土者即非莊嚴
是名莊嚴是故須菩提諸菩薩摩訶薩應
如是生清淨心不應住色生心不應住聲
香味觸法生心應無所住而生其心須菩
提譬如有人身如須彌山王於意云何是
身為大不須菩提言甚大世尊何以故佛
說非身是名大身須菩提如恒河中所有
沙數如是沙等恒河於意云何是諸恒河
沙寧為多不須菩提言甚多世尊但諸恒
河尚多無數何況其沙須菩提我今實言

告汝若有善男子善女人以七寶滿爾所
恒河沙數三千大千世界以用布施得福
多不須菩提言甚多世尊佛告須菩提若
善男子善女人於此經中乃至受持四句
偈等為他人說而此福德勝前福德復次
須菩提隨說是經乃至四句偈等當知此
處一切世間天人阿修羅皆應供養如佛
塔廟何況有人盡能受持讀誦須菩提當
知是人成就最上第一希有之法若是經
典所在之處即為有佛若尊重弟子爾時
須菩提白佛言世尊當何名此經我等云
何奉持佛告須菩提是經名為金剛般若
波羅蜜以是名字汝當奉持所以者何須
菩提佛說般若波羅蜜即非般若波羅蜜
是名般若波羅蜜須菩提於意云何如来
有所說法不須菩提白佛言世尊如来無

所説須菩提於意云何三千大千世界所
有微塵是為多不須菩提言甚多世尊須
菩提諸微塵如来説非微塵是名微塵如
来説世界非世界是名世界須菩提於意
云何可以三十二相見如来不不也世尊
不可以三十二相得見如来何以故如来
説三十二相即是非相是名三十二相須
菩提若有善男子善女人以恒河沙等身
命布施若復有人於此經中乃至受持四
句偈等為他人説其福甚多爾時須菩提
聞説是經深解義趣涕淚悲泣而白佛言
希有世尊佛説如是甚深經典我從昔来
所得慧眼未曾得聞如是之經世尊若復
有人得聞是經信心清淨則生實相當知
是人成就第一希有功德世尊是實相者
則是非相是故如来説名實相世尊我今

得聞如是經典信解受持不足為難若當
来世後五百歲其有眾生得聞是經信解
受持是人則為第一希有何以故此人無
我相人相眾生相壽者相所以者何我相
即是非相人相眾生相壽者相即是非相
何以故離一切諸相則名諸佛佛告須菩
提如是如是若復有人得聞是經不驚不
怖不畏當知是人甚為希有何以故須菩
提如来說第一波羅蜜即非第一波羅蜜
是名第一波羅蜜須菩提忍辱波羅蜜如
来說非忍辱波羅蜜何以故須菩提如我
昔為歌利王割截身體我於爾時無我相
無人相無眾生相無壽者相何以故我於
往昔節節支解時若有我相人相眾生相
壽者相應生瞋恨須菩提又念過去於五
百世作忍辱仙人於爾所世無我相無人

相無衆生相無壽者相是故須菩提菩薩
應離一切相發阿耨多羅三藐三菩提心
不應住色生心不應住聲香味觸法生心
應生無所住心若心有住則為非住是故
佛說菩薩心不應住色布施須菩提菩薩
為利益一切衆生應如是布施如來說一
切諸相即是非相又說一切衆生即非衆
生須菩提如來是真語者實語者如語者
不誑語者不異語者須菩提如來所得法
此法無實無虛須菩提若菩薩心住於法
而行布施如人入闇則無所見若菩薩心
不住法而行布施如人有目日光明照見
種種色須菩提當來之世若有善男子善
女人能於此經受持讀誦則為如來以佛
智慧悉知是人悉見是人皆得成就無量
無邊功德須菩提若有善男子善女人初

曰分以恒河沙等身布施中日分復以恒
河沙等身布施後日分亦以恒河沙等身
布施如是無量百千萬億劫以身布施若
復有人聞此經典信心不逆其福勝彼何
況書寫受持讀誦為人解說須菩提以要
言之是經有不可思議不可稱量無邊功
德如來為發大乘者說為發最上乘者說
若有人能受持讀誦廣為人說如來悉知
是人悉見是人皆得成就不可量不可稱
無有邊不可思議功德如是人等則為荷
擔如來阿耨多羅三藐三菩提何以故須
菩提若樂小法者著我見人見眾生見壽
者見則於此經不能聽受讀誦為人解說
須菩提在在處處若有此經一切世間天
人阿修羅所應供養當知此處則為是塔
皆應恭敬作禮圍繞以諸華香而散其處

復次須菩提善男子善女人受持讀誦此
經若為人輕賤是人先世罪業應墮惡道
以今世人輕賤故先世罪業則為消滅當
得阿耨多羅三藐三菩提須菩提我念過
去無量阿僧祇劫於然燈佛前得值八百
四千萬億那由他諸佛悉皆供養承事無
空過者若復有人於後末世能受持讀誦
此經所得功德於我所供養諸佛功德百
分不及一千萬億分乃至算數譬喻所不
能及須菩提若善男子善女人於後末世
有受持讀誦此經所得功德我若具說者
或有人聞心則狂亂狐疑不信須菩提當
知是經義不可思議果報亦不可思議爾
時須菩提白佛言世尊善男子善女人發
阿耨多羅三藐三菩提心云何應住云何
降伏其心佛告須菩提善男子善女人發

阿耨多羅三藐三菩提心者當生如是心
我應滅度一切眾生滅度一切眾生已而
無有一眾生實滅度者何以故須菩提若
菩薩有我相人相眾生相壽者相則非菩
薩所以者何須菩提實無有法發阿耨多
羅三藐三菩提心者須菩提於意云何如
来於然燈佛所有法得阿耨多羅三藐三
菩提不不也世尊如我解佛所說義佛於
然燈佛所無有法得阿耨多羅三藐三菩
提佛言如是如是須菩提實無有法如来
得阿耨多羅三藐三菩提須菩提若有法
如来得阿耨多羅三藐三菩提者然燈佛
則不與我授記汝於来世當得作佛號釋
迦牟尼以實無有法得阿耨多羅三藐三
菩提是故然燈佛與我授記作是言汝於
来世當得作佛號釋迦牟尼何以故如来

者即諸法如義若有人言如来得阿耨多
羅三藐三菩提須菩提實無有法佛得阿
耨多羅三藐三菩提須菩提如来所得阿
耨多羅三藐三菩提於是中無實無虛是
故如来說一切法皆是佛法須菩提所言
一切法者即非一切法是故名一切法須
菩提譬如人身長大須菩提言世尊如来
說人身長大則為非大身是名大身須菩
提菩薩亦如是若作是言我當滅度無量
眾生則不名菩薩何以故須菩提實無有
法名為菩薩是故佛說一切法無我無人
無眾生無壽者須菩提若菩薩作是言我
當莊嚴佛土是不名菩薩何以故如来說
莊嚴佛土者即非莊嚴是名莊嚴須菩提
若菩薩通達無我法者如来說名真是菩
薩須菩提於意云何如来有肉眼不如是

世尊如来有肉眼須菩提於意云何如来
有天眼不如是世尊如来有天眼須菩提
於意云何如来有慧眼不如是世尊如来
有慧眼須菩提於意云何如来有法眼不
如是世尊如来有法眼須菩提於意云何
如来有佛眼不如是世尊如来有佛眼須
菩提於意云何如恒河中所有沙佛説是
沙不如是世尊如来説是沙須菩提於意
云何如一恒河中所有沙有如是沙等恒
河是諸恒河所有沙數佛世界如是寧為
多不甚多世尊佛告須菩提爾所國土中
所有衆生若干種心如来悉知何以故如
来説諸心皆為非心是名為心所以者何
須菩提過去心不可得現在心不可得未
来心不可得須菩提於意云何若有人滿
三千大千世界七寶以用布施是人以是

因緣得福多不如是世尊此人以是因緣
得福甚多須菩提若福德有實如來不說
得福德多以福德無故如來說得福德多
須菩提於意云何佛可以具足色身見不
不也世尊如來不應以具足色身見何以
故如來說具足色身即非具足色身是名
具足色身須菩提於意云何如來可以具
足諸相見不不也世尊如來不應以具足
諸相見何以故如來說諸相具足即非具
足是名諸相具足須菩提汝勿謂如來作
是念我當有所說法莫作是念何以故若
人言如來有所說法即為謗佛不能解我
所說故須菩提說法者無法可說是名說
法爾時慧命須菩提白佛言世尊頗有眾
生於未來世聞說是法生信心不佛言須
菩提彼非眾生非不眾生何以故須菩提

眾生眾生者如來說非眾生是名眾生須
菩提白佛言世尊佛得阿耨多羅三藐三
菩提為無所得耶佛言如是如是須菩提
我於阿耨多羅三藐三菩提乃至無有少
法可得是名阿耨多羅三藐三菩提復次
須菩提是法平等無有高下是名阿耨多
羅三藐三菩提以無我無人無眾生無壽
者修一切善法則得阿耨多羅三藐三菩
提須菩提所言善法者如來說即非善法
是名善法須菩提若三千大千世界中所
有諸須彌山王如是等七寶聚有人持用
布施若人以此般若波羅蜜經乃至四句
偈等受持讀誦為他人說於前福德百分
不及一百千萬億分乃至算數譬喻所不
能及須菩提於意云何汝等勿謂如來作
是念我當度眾生須菩提莫作是念何以

故實無有衆生如来度者若有衆生如来
度者如来則有我人衆生壽者須菩提如
来說有我者則非有我而凡夫之人以為
有我須菩提凡夫者如来說則非凡夫是
名凡夫須菩提於意云何可以三十二相
觀如来不須菩提言如是如是以三十二
相觀如来佛言須菩提若以三十二相觀
如来者轉輪聖王則是如来須菩提白佛
言世尊如我解佛所說義不應以三十二
相觀如来爾時世尊而說偈言

若以色見我以音聲求我
是人行邪道不能見如来

須菩提汝若作是念如来不以具足相故
得阿耨多羅三藐三菩提須菩提莫作是
念如来不以具足相故得阿耨多羅三藐
三菩提須菩提汝若作是念發阿耨多羅

三藐三菩提心者說諸法斷滅莫作是念
何以故發阿耨多羅三藐三菩提心者於
法不說斷滅相須菩提若菩薩以滿恒河
沙等世界七寶持用布施若復有人知一
切法無我得成於忍此菩薩勝前菩薩所
得功德何以故須菩提以諸菩薩不受福
德故須菩提白佛言世尊云何菩薩不受
福德須菩提菩薩所作福德不應貪著是
故說不受福德須菩提若有人言如來若
來若去若坐若臥是人不解我所說義何
以故如來者無所從來亦無所去故名如
來須菩提若善男子善女人以三千大千
世界碎為微塵於意云何是微塵衆寧為
多不須菩提言甚多世尊何以故若是微
塵衆實有者佛則不說是微塵衆所以者
何佛說微塵衆則非微塵衆是名微塵衆

世尊如來所說三千大千世界則非世界
是名世界何以故若世界實有者則是一
合相如來說一合相則非一合相是名一
合相須菩提一合相者則是不可說但凡
夫之人貪著其事須菩提若人言佛說我
見人見眾生見壽者見須菩提於意云何
是人解我所說義不不也世尊是人不解
如來所說義何以故世尊說我見人見眾
生見壽者見即非我見人見眾生見壽者
見是名我見人見眾生見壽者見須菩提
發阿耨多羅三藐三菩提心者於一切法
應如是知如是見如是信解不生法相須
菩提所言法相者如來說即非法相是名
法相須菩提若有人以滿無量阿僧祇世
界七寶持用布施若有善男子善女人發
菩薩心者持於此經乃至四句偈等受持

讀誦為人演說其福勝彼云何為人演說
不取於相如如不動何以故
一切有為法如夢幻泡影
如露亦如電應作如是觀
佛說是經已長老須菩提及諸比丘比丘
尼優婆塞優婆夷一切世間天人阿修羅
聞佛所說皆大歡喜信受奉行
金剛般若波羅蜜經

真言

那謨婆伽跋帝 鉢喇壤 波羅弭多曳
唵伊利底 伊室利 輸盧馱 毘舍耶
毘舍耶 莎婆訶

金剛般若波羅蜜經
姚秦天竺三藏鳩摩羅什譯
如是我聞一時佛在舍衛國祇樹給孤獨
園與大比丘衆千二百五十人俱爾時世
尊食時著衣持鉢入舍衛大城乞食於其
城中次第乞已還至本處飯食訖收衣鉢
洗足已敷座而坐時長老須菩提在大衆
中即從座起偏袒右肩右膝著地合掌恭
敬而白佛言希有世尊如来善護念諸菩
薩善付囑諸菩薩世尊善男子善女人發
阿耨多羅三藐三菩提心云何應住云何
降伏其心佛言善哉善哉須菩提如汝所
說如来善護念諸菩薩善付囑諸菩薩汝
今諦聽當為汝說善男子善女人發阿耨
多羅三藐三菩提心應如是住如是降伏
其心唯然世尊願樂欲聞佛告須菩提諸

菩薩摩訶薩應如是降伏其心所有一切
衆生之類若卵生若胎生若濕生若化生
若有色若無色若有想若無想若非有想
非無想我皆令入無餘涅槃而滅度之如
是滅度無量無數無邊衆生實無衆生得
滅度者何以故須菩提若菩薩有我相人
相衆生相壽者相即非菩薩復次須菩提
菩薩於法應無所住行於布施所謂不住
色布施不住聲香味觸法布施須菩提菩
薩應如是布施不住於相何以故若菩薩
不住相布施其福德不可思量須菩提於
意云何東方虛空可思量不不也世尊須
菩提南西北方四維上下虛空可思量不
不也世尊須菩提菩薩無住相布施福德
亦復如是不可思量須菩提菩薩但應如
所教住須菩提於意云何可以身相見如

来不不也世尊不可以身相得見如来何
以故如来所說身相即非身相佛告須菩
提凡所有相皆是虛妄若見諸相非相則
見如来須菩提白佛言世尊頗有衆生得
聞如是言說章句生實信不佛告須菩提
莫作是說如来滅後後五百歲有持戒修
福者於此章句能生信心以此為實當知
是人不於一佛二佛三四五佛而種善根
已於無量千萬佛所種諸善根聞是章句
乃至一念生淨信者須菩提如来悉知悉
見是諸衆生得如是無量福德何以故是
諸衆生無復我相人相衆生相壽者相無
法相亦無非法相何以故是諸衆生若心
取相則為著我人衆生壽者若取法相即
著我人衆生壽者何以故若取非法相即
著我人衆生壽者是故不應取法不應取

非法以是義故如来常説汝等比丘知我
説法如筏喻者法尚應捨何況非法須菩
提於意云何如来得阿耨多羅三藐三菩
提耶如来有所説法耶須菩提言如我解
佛所説義無有定法名阿耨多羅三藐三
菩提亦無有定法如来可説何以故如来
所説法皆不可取不可説非法非非法所
以者何一切賢聖皆以無為法而有差别
須菩提於意云何若人滿三千大千世界
七寶以用布施是人所得福德寧為多不
須菩提言甚多世尊何以故是福德即非
福德性是故如来説福德多若復有人於
此經中受持乃至四句偈等為他人説其
福勝彼何以故須菩提一切諸佛及諸佛
阿耨多羅三藐三菩提法皆從此經出須
菩提所謂佛法者即非佛法須菩提於意

云何須陀洹能作是念我得須陀洹果不
須菩提言不也世尊何以故須陀洹名為
入流而無所入不入色聲香味觸法是名
須陀洹須菩提於意云何斯陀含能作是
念我得斯陀含果不須菩提言不也世尊
何以故斯陀含名一往來而實無往來是
名斯陀含須菩提於意云何阿那含能作
是念我得阿那含果不須菩提言不也世
尊何以故阿那含名為不來而實無不來
是名阿那含須菩提於意云何阿羅漢能
作是念我得阿羅漢道不須菩提言不也
世尊何以故實無有法名阿羅漢世尊若
阿羅漢作是念我得阿羅漢道即為著我
人衆生壽者世尊佛說我得無諍三昧人
中最為第一是第一離欲阿羅漢世尊我
不作是念我是離欲阿羅漢世尊我若作

是念我得阿羅漢道世尊則不說須菩提
是樂阿蘭那行者以須菩提實無所行而
名須菩提是樂阿蘭那行佛告須菩提於
意云何如來昔在然燈佛所於法有所得
不不也世尊如來在然燈佛所於法實無
所得須菩提於意云何菩薩莊嚴佛土不
不也世尊何以故莊嚴佛土者即非莊嚴
是名莊嚴是故須菩提諸菩薩摩訶薩應
如是生清淨心不應住色生心不應住聲
香味觸法生心應無所住而生其心須菩
提譬如有人身如須彌山王於意云何是
身為大不須菩提言甚大世尊何以故佛
說非身是名大身須菩提如恒河中所有
沙數如是沙等恒河於意云何是諸恒河
沙寧為多不須菩提言甚多世尊但諸恒
河尚多無數何況其沙須菩提我今實言

告汝若有善男子善女人以七寶滿爾所
恒河沙數三千大千世界以用布施得福
多不須菩提言甚多世尊佛告須菩提若
善男子善女人於此經中乃至受持四句
偈等為他人說而此福德勝前福德復次
須菩提隨說是經乃至四句偈等當知此
處一切世間天人阿修羅皆應供養如佛
塔廟何況有人盡能受持讀誦須菩提當
知是人成就最上第一希有之法若是經
典所在之處即為有佛若尊重弟子爾時
須菩提白佛言世尊當何名此經我等云
何奉持佛告須菩提是經名為金剛般若
波羅蜜以是名字汝當奉持所以者何須
菩提佛說般若波羅蜜即非般若波羅蜜
是名般若波羅蜜須菩提於意云何如來
有所說法不須菩提白佛言世尊如來無

所說須菩提於意云何三千大千世界所有微塵是為多不須菩提言甚多世尊須菩提諸微塵如来說非微塵是名微塵如来說世界非世界是名世界須菩提於意云何可以三十二相見如来不不也世尊不可以三十二相得見如来何以故如来說三十二相即是非相是名三十二相須菩提若有善男子善女人以恒河沙等身命布施若復有人於此經中乃至受持四句偈等為他人說其福甚多爾時須菩提聞說是經深解義趣涕淚悲泣而白佛言希有世尊佛說如是甚深經典我從昔来所得慧眼未曾得聞如是之經世尊若復有人得聞是經信心清淨則生實相當知是人成就第一希有功德世尊是實相者則是非相是故如来說名實相世尊我今

得聞如是經典信解受持不足為難若當
来世後五百歲其有衆生得聞是經信解
受持是人則為第一希有何以故此人無
我相人相衆生相壽者相所以者何我相
即是非相人相衆生相壽者相即是非相
何以故離一切諸相則名諸佛佛告須菩
提如是如是若復有人得聞是經不驚不
怖不畏當知是人甚為希有何以故須菩
提如来說第一波羅蜜即非第一波羅蜜
是名第一波羅蜜須菩提忍辱波羅蜜如
来說非忍辱波羅蜜何以故須菩提如我
昔為歌利王割截身體我於爾時無我相
無人相無衆生相無壽者相何以故我於
往昔節節支解時若有我相人相衆生相
壽者相應生瞋恨須菩提又念過去於五
百世作忍辱仙人於爾所世無我相無人

相無衆生相無壽者相是故須菩提菩薩
應離一切相發阿耨多羅三藐三菩提心
不應住色生心不應住聲香味觸法生心
應生無所住心若心有住則為非住是故
佛說菩薩心不應住色布施須菩提菩薩
為利益一切衆生應如是布施如來說一
切諸相即是非相又說一切衆生即非衆
生須菩提如來是真語者實語者如語者
不誑語者不異語者須菩提如來所得法
此法無實無虛須菩提若菩薩心住於法
而行布施如人入闇則無所見若菩薩心
不住法而行布施如人有目日光明照見
種種色須菩提當來之世若有善男子善
女人能於此經受持讀誦則為如來以佛
智慧悉知是人悉見是人皆得成就無量
無邊功德須菩提若有善男子善女人初

日分以恆河沙等身布施中日分復以恆
河沙等身布施後日分亦以恆河沙等身
布施如是無量百千萬億劫以身布施若
復有人聞此經典信心不逆其福勝彼何
況書寫受持讀誦為人解說須菩提以要
言之是經有不可思議不可稱量無邊功
德如來為發大乘者說為發最上乘者說
若有人能受持讀誦廣為人說如來悉知
是人悉見是人皆得成就不可量不可稱
無有邊不可思議功德如是人等則為荷
擔如來阿耨多羅三藐三菩提何以故須
菩提若樂小法者著我見人見眾生見壽
者見則於此經不能聽受讀誦為人解說
須菩提在在處處若有此經一切世間天
人阿修羅所應供養當知此處則為是塔
皆應恭敬作禮圍繞以諸華香而散其處

復次須菩提善男子善女人受持讀誦此
經若為人輕賤是人先世罪業應墮惡道
以今世人輕賤故先世罪業則為消滅當
得阿耨多羅三藐三菩提須菩提我念過
去無量阿僧祇劫於然燈佛前得值八百
四千萬億那由他諸佛悉皆供養承事無
空過者若復有人於後末世能受持讀誦
此經所得功德於我所供養諸佛功德百
分不及一千萬億分乃至算數譬喻所不
能及須菩提若善男子善女人於後末世
有受持讀誦此經所得功德我若具說者
或有人聞心則狂亂狐疑不信須菩提當
知是經義不可思議果報亦不可思議爾
時須菩提白佛言世尊善男子善女人發
阿耨多羅三藐三菩提心云何應住云何
降伏其心佛告須菩提善男子善女人發

阿耨多羅三藐三菩提心者當生如是心
我應滅度一切眾生滅度一切眾生已而
無有一眾生實滅度者何以故須菩提若
菩薩有我相人相眾生相壽者相則非菩
薩所以者何須菩提實無有法發阿耨多
羅三藐三菩提心者須菩提於意云何如
來於然燈佛所有法得阿耨多羅三藐三
菩提不不也世尊如我解佛所說義佛於
然燈佛所無有法得阿耨多羅三藐三菩
提佛言如是如是須菩提實無有法如來
得阿耨多羅三藐三菩提須菩提若有法
如來得阿耨多羅三藐三菩提者然燈佛
則不與我授記汝於來世當得作佛號釋
迦牟尼以實無有法得阿耨多羅三藐三
菩提是故然燈佛與我授記作是言汝於
來世當得作佛號釋迦牟尼何以故如來

者即諸法如義若有人言如來得阿耨多
羅三藐三菩提須菩提實無有法佛得阿
耨多羅三藐三菩提須菩提如來所得阿
耨多羅三藐三菩提於是中無實無虛是
故如來說一切法皆是佛法須菩提所言
一切法者即非一切法是故名一切法須
菩提譬如人身長大須菩提言世尊如來
說人身長大則為非大身是名大身須菩
提菩薩亦如是若作是言我當滅度無量
眾生則不名菩薩何以故須菩提實無有
法名為菩薩是故佛說一切法無我無人
無眾生無壽者須菩提若菩薩作是言我
當莊嚴佛土是不名菩薩何以故如來說
莊嚴佛土者即非莊嚴是名莊嚴須菩提
若菩薩通達無我法者如來說名真是菩
薩須菩提於意云何如來有肉眼不如是

世尊如来有肉眼須菩提於意云何如来
有天眼不如是世尊如来有天眼須菩提
於意云何如来有慧眼不如是世尊如来
有慧眼須菩提於意云何如来有法眼不
如是世尊如来有法眼須菩提於意云何
如来有佛眼不如是世尊如来有佛眼須
菩提於意云何如恒河中所有沙佛説是
沙不如是世尊如来説是沙須菩提於意
云何如一恒河中所有沙有如是沙等恒
河是諸恒河所有沙數佛世界如是寧為
多不甚多世尊佛告須菩提爾所國土中
所有衆生若干種心如来悉知何以故如
来説諸心皆為非心是名為心所以者何
須菩提過去心不可得現在心不可得未
来心不可得須菩提於意云何若有人滿
三千大千世界七寶以用布施是人以是

因緣得福多不如是世尊此人以是因緣
得福甚多須菩提若福德有實如來不說
得福德多以福德無故如來說得福德多
須菩提於意云何佛可以具足色身見不
不也世尊如來不應以具足色身見何以
故如來說具足色身即非具足色身是名
具足色身須菩提於意云何如來可以具
足諸相見不不也世尊如來不應以具足
諸相見何以故如來說諸相具足即非具
足是名諸相具足須菩提汝勿謂如來作
是念我當有所說法莫作是念何以故若
人言如來有所說法即為謗佛不能解我
所說故須菩提說法者無法可說是名說
法爾時慧命須菩提白佛言世尊頗有眾
生於未來世聞說是法生信心不佛言須
菩提彼非眾生非不眾生何以故須菩提

眾生眾生者如來說非眾生是名眾生須
菩提白佛言世尊佛得阿耨多羅三藐三
菩提為無所得耶佛言如是如是須菩提
我於阿耨多羅三藐三菩提乃至無有少
法可得是名阿耨多羅三藐三菩提復次
須菩提是法平等無有高下是名阿耨多
羅三藐三菩提以無我無人無眾生無壽
者修一切善法則得阿耨多羅三藐三菩
提須菩提所言善法者如來說即非善法
是名善法須菩提若三千大千世界中所
有諸須彌山王如是等七寶聚有人持用
布施若人以此般若波羅蜜經乃至四句
偈等受持讀誦為他人說於前福德百分
不及一百千萬億分乃至算數譬喻所不
能及須菩提於意云何汝等勿謂如來作
是念我當度眾生須菩提莫作是念何以

故實無有眾生如來度者若有眾生如來
度者如來則有我人眾生壽者須菩提如
來說有我者則非有我而凡夫之人以為
有我須菩提凡夫者如來說則非凡夫是
名凡夫須菩提於意云何可以三十二相
觀如來不須菩提言如是如是以三十二
相觀如來佛言須菩提若以三十二相觀
如來者轉輪聖王則是如來須菩提白佛
言世尊如我解佛所說義不應以三十二
相觀如來爾時世尊而說偈言

若以色見我以音聲求我
是人行邪道不能見如來

須菩提汝若作是念如來不以具足相故
得阿耨多羅三藐三菩提須菩提莫作是
念如來不以具足相故得阿耨多羅三藐
三菩提須菩提汝若作是念發阿耨多羅

三藐三菩提心者說諸法斷滅莫作是念
何以故發阿耨多羅三藐三菩提心者於
法不說斷滅相須菩提若菩薩以滿恒河
沙等世界七寶持用布施若復有人知一
切法無我得成於忍此菩薩勝前菩薩所
得功德何以故須菩提以諸菩薩不受福
德故須菩提白佛言世尊云何菩薩不受
福德須菩提菩薩所作福德不應貪著是
故說不受福德須菩提若有人言如來若
來若去若坐若臥是人不解我所說義何
以故如來者無所從來亦無所去故名如
來須菩提若善男子善女人以三千大千
世界碎為微塵於意云何是微塵眾寧為
多不須菩提言甚多世尊何以故若是微
塵眾實有者佛則不說是微塵眾所以者
何佛說微塵眾則非微塵眾是名微塵眾

世尊如來所說三千大千世界則非世界是名世界何以故若世界實有者則是一合相如來說一合相則非一合相是名一合相須菩提一合相者則是不可說但凡夫之人貪著其事須菩提若人言佛說我見人見眾生見壽者見須菩提於意云何是人解我所說義不不也世尊是人不解如來所說義何以故世尊說我見人見眾生見壽者見即非我見人見眾生見壽者見是名我見人見眾生見壽者見須菩提發阿耨多羅三藐三菩提心者於一切法應如是知如是見如是信解不生法相須菩提所言法相者如來說即非法相是名法相須菩提若有人以滿無量阿僧祇世界七寶持用布施若有善男子善女人發菩薩心者持於此經乃至四句偈等受持

讀誦為人演說其福勝彼云何為人演說

不取於相如如不動何以故

一切有為法

如夢幻泡影

如露亦如電

應作如是觀

佛說是經已長老須菩提及諸比丘比丘

尼優婆塞優婆夷一切世間天人阿修羅

聞佛所說皆大歡喜信受奉行

金剛般若波羅蜜經

真言

那謨婆伽跋帝 鉢喇壤 波羅弭多曳

唵伊利底 伊室利 輸盧馱 毘舍耶

毘舍耶 莎婆訶

金剛般若波羅蜜經

姚秦天竺三藏鳩摩羅什譯

如是我聞一時佛在舍衛國祇樹給孤獨
園與大比丘眾千二百五十人俱爾時世
尊食時著衣持鉢入舍衛大城乞食於其
城中次第乞已還至本處飯食訖收衣鉢
洗足已敷座而坐時長老須菩提在大眾
中即從座起偏袒右肩右膝著地合掌恭
敬而白佛言希有世尊如來善護念諸菩
薩善付囑諸菩薩世尊善男子善女人發
阿耨多羅三藐三菩提心云何應住云何
降伏其心佛言善哉善哉須菩提如汝所
說如來善護念諸菩薩善付囑諸菩薩汝
今諦聽當為汝說善男子善女人發阿耨
多羅三藐三菩提心應如是住如是降伏
其心唯然世尊願樂欲聞佛告須菩提諸

菩薩摩訶薩應如是降伏其心所有一切
眾生之類若卵生若胎生若濕生若化生
若有色若無色若有想若無想若非有想
非無想我皆令入無餘涅槃而滅度之如
是滅度無量無數無邊眾生實無眾生得
滅度者何以故須菩提若菩薩有我相人
相眾生相壽者相即非菩薩復次須菩提
菩薩於法應無所住行於布施所謂不住
色布施不住聲香味觸法布施須菩提菩
薩應如是布施不住於相何以故若菩薩
不住相布施其福德不可思量須菩提於
意云何東方虛空可思量不不也世尊須
菩提南西北方四維上下虛空可思量不
不也世尊須菩提菩薩無住相布施福德
亦復如是不可思量須菩提菩薩但應如
所教住須菩提於意云何可以身相見如

来不不也世尊不可以身相得見如来何
以故如来所說身相即非身相佛告須菩
提凡所有相皆是虛妄若見諸相非相則
見如来須菩提白佛言世尊頗有衆生得
聞如是言說章句生實信不佛告須菩提
莫作是說如来滅後後五百歲有持戒修
福者於此章句能生信心以此為實當知
是人不於一佛二佛三四五佛而種善根
已於無量千萬佛所種諸善根聞是章句
乃至一念生淨信者須菩提如来悉知悉
見是諸衆生得如是無量福德何以故是
諸衆生無復我相人相衆生相壽者相無
法相亦無非法相何以故是諸衆生若心
取相則為著我人衆生壽者若取法相即
著我人衆生壽者何以故若取非法相即
著我人衆生壽者是故不應取法不應取

非法以是義故如來常說汝等比丘知我
說法如筏喻者法尚應捨何況非法須菩
提於意云何如來得阿耨多羅三藐三菩
提耶如來有所說法耶須菩提言如我解
佛所說義無有定法名阿耨多羅三藐三
菩提亦無有定法如來可說何以故如來
所說法皆不可取不可說非法非非法所
以者何一切賢聖皆以無為法而有差別
須菩提於意云何若人滿三千大千世界
七寶以用布施是人所得福德寧為多不
須菩提言甚多世尊何以故是福德即非
福德性是故如來說福德多若復有人於
此經中受持乃至四句偈等為他人說其
福勝彼何以故須菩提一切諸佛及諸佛
阿耨多羅三藐三菩提法皆從此經出須
菩提所謂佛法者即非佛法須菩提於意

云何須陀洹能作是念我得須陀洹果不
須菩提言不也世尊何以故須陀洹名為
入流而無所入不入色聲香味觸法是名
須陀洹須菩提於意云何斯陀含能作是
念我得斯陀含果不須菩提言不也世尊
何以故斯陀含名一往来而實無往来是
名斯陀含須菩提於意云何阿那含能作
是念我得阿那含果不須菩提言不也世
尊何以故阿那含名為不来而實無不来
是名阿那含須菩提於意云何阿羅漢能
作是念我得阿羅漢道不須菩提言不也
世尊何以故實無有法名阿羅漢世尊若
阿羅漢作是念我得阿羅漢道即為著我
人衆生壽者世尊佛說我得無諍三昧人
中最為第一是第一離欲阿羅漢世尊我
不作是念我是離欲阿羅漢世尊我若作

是念我得阿羅漢道世尊則不說須菩提
是樂阿蘭那行者以須菩提實無所行而
名須菩提是樂阿蘭那行佛告須菩提於
意云何如來昔在然燈佛所於法有所得
不不也世尊如來在然燈佛所於法實無
所得須菩提於意云何菩薩莊嚴佛土不
不也世尊何以故莊嚴佛土者即非莊嚴
是名莊嚴是故須菩提諸菩薩摩訶薩應
如是生清淨心不應住色生心不應住聲
香味觸法生心應無所住而生其心須菩
提譬如有人身如須彌山王於意云何是
身為大不須菩提言甚大世尊何以故佛
說非身是名大身須菩提如恒河中所有
沙數如是沙等恒河於意云何是諸恒河
沙寧為多不須菩提言甚多世尊但諸恒
河尚多無數何況其沙須菩提我今實言

告汝若有善男子善女人以七寶滿爾所
恒河沙數三千大千世界以用布施得福
多不須菩提言甚多世尊佛告須菩提若
善男子善女人於此經中乃至受持四句
偈等為他人說而此福德勝前福德復次
須菩提隨說是經乃至四句偈等當知此
處一切世間天人阿修羅皆應供養如佛
塔廟何況有人盡能受持讀誦須菩提當
知是人成就最上第一希有之法若是經
典所在之處即為有佛若尊重弟子爾時
須菩提白佛言世尊當何名此經我等云
何奉持佛告須菩提是經名為金剛般若
波羅蜜以是名字汝當奉持所以者何須
菩提佛說般若波羅蜜即非般若波羅蜜
是名般若波羅蜜須菩提於意云何如來
有所說法不須菩提白佛言世尊如來無

所說須菩提於意云何三千大千世界所
有微塵是為多不須菩提言甚多世尊須
菩提諸微塵如來說非微塵是名微塵如
來說世界非世界是名世界須菩提於意
云何可以三十二相見如來不不也世尊
不可以三十二相得見如來何以故如來
說三十二相即是非相是名三十二相須
菩提若有善男子善女人以恒河沙等身
命布施若復有人於此經中乃至受持四
句偈等為他人說其福甚多爾時須菩提
聞說是經深解義趣涕淚悲泣而白佛言
希有世尊佛說如是甚深經典我從昔來
所得慧眼未曾得聞如是之經世尊若復
有人得聞是經信心清淨則生實相當知
是人成就第一希有功德世尊是實相者
則是非相是故如來說名實相世尊我今

得聞如是經典信解受持不足為難若當
來世後五百歲其有眾生得聞是經信解
受持是人則為第一希有何以故此人無
我相人相眾生相壽者相所以者何我相
即是非相人相眾生相壽者相即是非相
何以故離一切諸相則名諸佛佛告須菩
提如是如是若復有人得聞是經不驚不
怖不畏當知是人甚為希有何以故須菩
提如來說第一波羅蜜即非第一波羅蜜
是名第一波羅蜜須菩提忍辱波羅蜜如
來說非忍辱波羅蜜何以故須菩提如我
昔為歌利王割截身體我於爾時無我相
無人相無眾生相無壽者相何以故我於
往昔節節支解時若有我相人相眾生相
壽者相應生瞋恨須菩提又念過去於五
百世作忍辱仙人於爾所世無我相無人

相無衆生相無壽者相是故須菩提菩薩
應離一切相發阿耨多羅三藐三菩提心
不應住色生心不應住聲香味觸法生心
應生無所住心若心有住則為非住是故
佛說菩薩心不應住色布施須菩提菩薩
為利益一切衆生應如是布施如來說一
切諸相即是非相又說一切衆生即非衆
生須菩提如來是真語者實語者如語者
不誑語者不異語者須菩提如來所得法
此法無實無虛須菩提若菩薩心住於法
而行布施如人入闇則無所見若菩薩心
不住法而行布施如人有目日光明照見
種種色須菩提當來之世若有善男子善
女人能於此經受持讀誦則為如來以佛
智慧悉知是人悉見是人皆得成就無量
無邊功德須菩提若有善男子善女人初

日分以恒河沙等身布施中日分復以恒
河沙等身布施後日分亦以恒河沙等身
布施如是無量百千萬億劫以身布施若
復有人聞此經典信心不逆其福勝彼何
況書寫受持讀誦為人解說須菩提以要
言之是經有不可思議不可稱量無邊功
德如來為發大乘者說為發最上乘者說
若有人能受持讀誦廣為人說如來悉知
是人悉見是人皆得成就不可量不可稱
無有邊不可思議功德如是人等則為荷
擔如來阿耨多羅三藐三菩提何以故須
菩提若樂小法者著我見人見眾生見壽
者見則於此經不能聽受讀誦為人解說
須菩提在在處處若有此經一切世間天
人阿修羅所應供養當知此處則為是塔
皆應恭敬作禮圍繞以諸華香而散其處

復次須菩提善男子善女人受持讀誦此
經若為人輕賤是人先世罪業應墮惡道
以今世人輕賤故先世罪業則為消滅當
得阿耨多羅三藐三菩提須菩提我念過
去無量阿僧祇劫於然燈佛前得值八百
四千萬億那由他諸佛悉皆供養承事無
空過者若復有人於後末世能受持讀誦
此經所得功德於我所供養諸佛功德百
分不及一千萬億分乃至算數譬喻所不
能及須菩提若善男子善女人於後末世
有受持讀誦此經所得功德我若具說者
或有人聞心則狂亂狐疑不信須菩提當
知是經義不可思議果報亦不可思議爾
時須菩提白佛言世尊善男子善女人發
阿耨多羅三藐三菩提心云何應住云何
降伏其心佛告須菩提善男子善女人發

阿耨多羅三藐三菩提心者當生如是心
我應滅度一切眾生滅度一切眾生已而
無有一眾生實滅度者何以故須菩提若
菩薩有我相人相眾生相壽者相則非菩
薩所以者何須菩提實無有法發阿耨多
羅三藐三菩提心者須菩提於意云何如
来於然燈佛所有法得阿耨多羅三藐三
菩提不不也世尊如我解佛所說義佛於
然燈佛所無有法得阿耨多羅三藐三菩
提佛言如是如是須菩提實無有法如来
得阿耨多羅三藐三菩提須菩提若有法
如来得阿耨多羅三藐三菩提者然燈佛
則不與我授記汝於来世當得作佛號釋
迦牟尼以實無有法得阿耨多羅三藐三
菩提是故然燈佛與我授記作是言汝於
来世當得作佛號釋迦牟尼何以故如来

者即諸法如義若有人言如来得阿耨多
羅三藐三菩提須菩提實無有法佛得阿
耨多羅三藐三菩提須菩提如来所得阿
耨多羅三藐三菩提於是中無實無虛是
故如来說一切法皆是佛法須菩提所言
一切法者即非一切法是故名一切法須
菩提譬如人身長大須菩提言世尊如来
說人身長大則為非大身是名大身須菩
提菩薩亦如是若作是言我當滅度無量
衆生則不名菩薩何以故須菩提實無有
法名為菩薩是故佛說一切法無我無人
無衆生無壽者須菩提若菩薩作是言我
當莊嚴佛土是不名菩薩何以故如来說
莊嚴佛土者即非莊嚴是名莊嚴須菩提
若菩薩通達無我法者如来說名真是菩
薩須菩提於意云何如来有肉眼不如是

世尊如來有肉眼須菩提於意云何如來
有天眼不如是世尊如來有天眼須菩提
於意云何如來有慧眼不如是世尊如來
有慧眼須菩提於意云何如來有法眼不
如是世尊如來有法眼須菩提於意云何
如來有佛眼不如是世尊如來有佛眼須
菩提於意云何如恒河中所有沙佛說是
沙不如是世尊如來說是沙須菩提於意
云何如一恒河中所有沙有如是沙等恒
河是諸恒河所有沙數佛世界如是寧為
多不甚多世尊佛告須菩提爾所國土中
所有衆生若干種心如來悉知何以故如
來說諸心皆為非心是名為心所以者何
須菩提過去心不可得現在心不可得未
來心不可得須菩提於意云何若有人滿
三千大千世界七寶以用布施是人以是

因緣得福多不如是世尊此人以是因緣
得福甚多須菩提若福德有實如来不說
得福德多以福德無故如来說得福德多
須菩提於意云何佛可以具足色身見不
不也世尊如来不應以具足色身見何以
故如来說具足色身即非具足色身是名
具足色身須菩提於意云何如来可以具
足諸相見不不也世尊如来不應以具足
諸相見何以故如来說諸相具足即非具
足是名諸相具足須菩提汝勿謂如来作
是念我當有所說法莫作是念何以故若
人言如来有所說法即為謗佛不能解我
所說故須菩提說法者無法可說是名說
法爾時慧命須菩提白佛言世尊頗有衆
生於未来世聞說是法生信心不佛言須
菩提彼非衆生非不衆生何以故須菩提

衆生衆生者如來說非衆生是名衆生須
菩提白佛言世尊佛得阿耨多羅三藐三
菩提為無所得耶佛言如是如是須菩提
我於阿耨多羅三藐三菩提乃至無有少
法可得是名阿耨多羅三藐三菩提復次
須菩提是法平等無有高下是名阿耨多
羅三藐三菩提以無我無人無衆生無壽
者修一切善法則得阿耨多羅三藐三菩
提須菩提所言善法者如來說即非善法
是名善法須菩提若三千大千世界中所
有諸須彌山王如是等七寶聚有人持用
布施若人以此般若波羅蜜經乃至四句
偈等受持讀誦為他人說於前福德百分
不及一百千萬億分乃至算數譬喻所不
能及須菩提於意云何汝等勿謂如來作
是念我當度衆生須菩提莫作是念何以

故實無有眾生如來度者若有眾生如來
度者如來則有我人眾生壽者須菩提如
來說有我者則非有我而凡夫之人以為
有我須菩提凡夫者如來說則非凡夫是
名凡夫須菩提於意云何可以三十二相
觀如來不須菩提言如是如是以三十二
相觀如來佛言須菩提若以三十二相觀
如來者轉輪聖王則是如來須菩提白佛
言世尊如我解佛所說義不應以三十二
相觀如來爾時世尊而說偈言

若以色見我以音聲求我
是人行邪道不能見如來

須菩提汝若作是念如來不以具足相故
得阿耨多羅三藐三菩提須菩提莫作是
念如來不以具足相故得阿耨多羅三藐
三菩提須菩提汝若作是念發阿耨多羅

三藐三菩提心者說諸法斷滅莫作是念
何以故發阿耨多羅三藐三菩提心者於
法不說斷滅相須菩提若菩薩以滿恒河
沙等世界七寶持用布施若復有人知一
切法無我得成於忍此菩薩勝前菩薩所
得功德何以故須菩提以諸菩薩不受福
德故須菩提白佛言世尊云何菩薩不受
福德須菩提菩薩所作福德不應貪著是
故說不受福德須菩提若有人言如來若
來若去若坐若臥是人不解我所說義何
以故如來者無所從來亦無所去故名如
來須菩提若善男子善女人以三千大千
世界碎為微塵於意云何是微塵衆寧為
多不須菩提言甚多世尊何以故若是微
塵衆實有者佛則不說是微塵衆所以者
何佛說微塵衆則非微塵衆是名微塵衆

世尊如来所說三千大千世界則非世界
是名世界何以故若世界實有者則是一
合相如来說一合相則非一合相是名一
合相須菩提一合相者則是不可說但凡
夫之人貪著其事須菩提若人言佛說我
見人見衆生見壽者見須菩提於意云何
是人解我所說義不不也世尊是人不解
如来所說義何以故世尊說我見人見衆
生見壽者見即非我見人見衆生見壽者
見是名我見人見衆生見壽者見須菩提
發阿耨多羅三藐三菩提心者於一切法
應如是知如是見如是信解不生法相須
菩提所言法相者如来說即非法相是名
法相須菩提若有人以滿無量阿僧祇世
界七寶持用布施若有善男子善女人發
菩薩心者持於此經乃至四句偈等受持

讀誦為人演說其福勝彼云何為人演說

不取於相如如不動何以故

一切有為法如夢幻泡影

如露亦如電應作如是觀

佛說是經已長老須菩提及諸比丘比丘尼優婆塞優婆夷一切世間天人阿修羅聞佛所說皆大歡喜信受奉行

金剛般若波羅蜜經

真言

那謨婆伽跋帝 鉢喇壤 波羅弭多曳

唵伊利底 伊室利 輸盧馱 毘舍耶

毘舍耶 莎婆訶

金剛般若波羅蜜經

姚秦天竺三藏鳩摩羅什譯

如是我聞一時佛在舍衛國祇樹給孤獨
園與大比丘眾千二百五十人俱爾時世
尊食時著衣持鉢入舍衛大城乞食於其
城中次第乞已還至本處飯食訖收衣鉢
洗足已敷座而坐時長老須菩提在大眾
中即從座起偏袒右肩右膝著地合掌恭
敬而白佛言希有世尊如來善護念諸菩
薩善付囑諸菩薩世尊善男子善女人發
阿耨多羅三藐三菩提心云何應住云何
降伏其心佛言善哉善哉須菩提如汝所
說如來善護念諸菩薩善付囑諸菩薩汝
今諦聽當為汝說善男子善女人發阿耨
多羅三藐三菩提心應如是住如是降伏
其心唯然世尊願樂欲聞佛告須菩提諸

菩薩摩訶薩應如是降伏其心所有一切
衆生之類若卵生若胎生若濕生若化生
若有色若無色若有想若無想若非有想
非無想我皆令入無餘涅槃而滅度之如
是滅度無量無數無邊衆生實無衆生得
滅度者何以故須菩提若菩薩有我相人
相衆生相壽者相即非菩薩復次須菩提
菩薩於法應無所住行於布施所謂不住
色布施不住聲香味觸法布施須菩提菩
薩應如是布施不住於相何以故若菩薩
不住相布施其福德不可思量須菩提於
意云何東方虛空可思量不不也世尊須
菩提南西北方四維上下虛空可思量不
不也世尊須菩提菩薩無住相布施福德
亦復如是不可思量須菩提菩薩但應如
所教住須菩提於意云何可以身相見如

來不不也世尊不可以身相得見如來何
以故如來所說身相即非身相佛告須菩
提凡所有相皆是虛妄若見諸相非相則
見如來須菩提白佛言世尊頗有眾生得
聞如是言說章句生實信不佛告須菩提
莫作是說如來滅後後五百歲有持戒修
福者於此章句能生信心以此為實當知
是人不於一佛二佛三四五佛而種善根
已於無量千萬佛所種諸善根聞是章句
乃至一念生淨信者須菩提如來悉知悉
見是諸眾生得如是無量福德何以故是
諸眾生無復我相人相眾生相壽者相無
法相亦無非法相何以故是諸眾生若心
取相則為著我人眾生壽者若取法相即
著我人眾生壽者何以故若取非法相即
著我人眾生壽者是故不應取法不應取

非法以是義故如来常說汝等比丘知我
說法如筏喻者法尚應捨何況非法須菩
提於意云何如来得阿耨多羅三藐三菩
提耶如来有所說法耶須菩提言如我解
佛所說義無有定法名阿耨多羅三藐三
菩提亦無有定法如来可說何以故如来
所說法皆不可取不可說非法非非法所
以者何一切賢聖皆以無為法而有差别
須菩提於意云何若人滿三千大千世界
七寶以用布施是人所得福德寧為多不
須菩提言甚多世尊何以故是福德即非
福德性是故如来說福德多若復有人於
此經中受持乃至四句偈等為他人說其
福勝彼何以故須菩提一切諸佛及諸佛
阿耨多羅三藐三菩提法皆從此經出須
菩提所謂佛法者即非佛法須菩提於意

云何須陀洹能作是念我得須陀洹果不
須菩提言不也世尊何以故須陀洹名為
入流而無所入不入色聲香味觸法是名
須陀洹須菩提於意云何斯陀含能作是
念我得斯陀含果不須菩提言不也世尊
何以故斯陀含名一往來而實無往來是
名斯陀含須菩提於意云何阿那含能作
是念我得阿那含果不須菩提言不也世
尊何以故阿那含名為不來而實無不來
是名阿那含須菩提於意云何阿羅漢能
作是念我得阿羅漢道不須菩提言不也
世尊何以故實無有法名阿羅漢世尊若
阿羅漢作是念我得阿羅漢道即為著我
人衆生壽者世尊佛說我得無諍三昧人
中最為第一是第一離欲阿羅漢世尊我
不作是念我是離欲阿羅漢世尊我若作

是念我得阿羅漢道世尊則不說須菩提
是樂阿蘭那行者以須菩提實無所行而
名須菩提是樂阿蘭那行佛告須菩提於
意云何如來昔在然燈佛所於法有所得
不不也世尊如來在然燈佛所於法實無
所得須菩提於意云何菩薩莊嚴佛土不
不也世尊何以故莊嚴佛土者即非莊嚴
是名莊嚴是故須菩提諸菩薩摩訶薩應
如是生清淨心不應住色生心不應住聲
香味觸法生心應無所住而生其心須菩
提譬如有人身如須彌山王於意云何是
身為大不須菩提言甚大世尊何以故佛
說非身是名大身須菩提如恒河中所有
沙數如是沙等恒河於意云何是諸恒河
沙寧為多不須菩提言甚多世尊但諸恒
河尚多無數何況其沙須菩提我今實言

告汝若有善男子善女人以七寶滿爾所
恒河沙數三千大千世界以用布施得福
多不須菩提言甚多世尊佛告須菩提若
善男子善女人於此經中乃至受持四句
偈等為他人說而此福德勝前福德復次
須菩提隨說是經乃至四句偈等當知此
處一切世間天人阿修羅皆應供養如佛
塔廟何況有人盡能受持讀誦須菩提當
知是人成就最上第一希有之法若是經
典所在之處即為有佛若尊重弟子爾時
須菩提白佛言世尊當何名此經我等云
何奉持佛告須菩提是經名為金剛般若
波羅蜜以是名字汝當奉持所以者何須
菩提佛說般若波羅蜜即非般若波羅蜜
是名般若波羅蜜須菩提於意云何如来
有所說法不須菩提白佛言世尊如来無

所說須菩提於意云何三千大千世界所
有微塵是為多不須菩提言甚多世尊須
菩提諸微塵如来說非微塵是名微塵如
来說世界非世界是名世界須菩提於意
云何可以三十二相見如来不不也世尊
不可以三十二相得見如来何以故如来
說三十二相即是非相是名三十二相須
菩提若有善男子善女人以恆河沙等身
命布施若復有人於此經中乃至受持四
句偈等為他人說其福甚多爾時須菩提
聞說是經深解義趣涕淚悲泣而白佛言
希有世尊佛說如是甚深經典我從昔来
所得慧眼未曾得聞如是之經世尊若復
有人得聞是經信心清淨則生實相當知
是人成就第一希有功德世尊是實相者
則是非相是故如来說名實相世尊我今

得聞如是經典信解受持不足為難若當
來世後五百歲其有眾生得聞是經信解
受持是人則為第一希有何以故此人無
我相人相眾生相壽者相所以者何我相
即是非相人相眾生相壽者相即是非相
何以故離一切諸相則名諸佛佛告須菩
提如是如是若復有人得聞是經不驚不
怖不畏當知是人甚為希有何以故須菩
提如來說第一波羅蜜即非第一波羅蜜
是名第一波羅蜜須菩提忍辱波羅蜜如
來說非忍辱波羅蜜何以故須菩提如我
昔為歌利王割截身體我於爾時無我相
無人相無眾生相無壽者相何以故我於
往昔節節支解時若有我相人相眾生相
壽者相應生瞋恨須菩提又念過去於五
百世作忍辱仙人於爾所世無我相無人

相無衆生相無壽者相是故須菩提菩薩
應離一切相發阿耨多羅三藐三菩提心
不應住色生心不應住聲香味觸法生心
應生無所住心若心有住則為非住是故
佛說菩薩心不應住色布施須菩提菩薩
為利益一切衆生應如是布施如來說一
切諸相即是非相又說一切衆生即非衆
生須菩提如來是真語者實語者如語者
不誑語者不異語者須菩提如來所得法
此法無實無虛須菩提若菩薩心住於法
而行布施如人入闇則無所見若菩薩心
不住法而行布施如人有目日光明照見
種種色須菩提當來之世若有善男子善
女人能於此經受持讀誦則為如來以佛
智慧悉知是人悉見是人皆得成就無量
無邊功德須菩提若有善男子善女人初

日分以恒河沙等身布施中日分復以恒
河沙等身布施後日分亦以恒河沙等身
布施如是無量百千萬億劫以身布施若
復有人聞此經典信心不逆其福勝彼何
況書寫受持讀誦為人解說須菩提以要
言之是經有不可思議不可稱量無邊功
德如来為發大乘者說為發最上乘者說
若有人能受持讀誦廣為人說如来悉知
是人悉見是人皆得成就不可量不可稱
無有邊不可思議功德如是人等則為荷
擔如来阿耨多羅三藐三菩提何以故須
菩提若樂小法者著我見人見眾生見壽
者見則於此經不能聽受讀誦為人解說
須菩提在在處處若有此經一切世間天
人阿修羅所應供養當知此處則為是塔
皆應恭敬作禮圍繞以諸華香而散其處

復次須菩提善男子善女人受持讀誦此
經若為人輕賤是人先世罪業應墮惡道
以今世人輕賤故先世罪業則為消滅當
得阿耨多羅三藐三菩提須菩提我念過
去無量阿僧祇劫於然燈佛前得值八百
四千萬億那由他諸佛悉皆供養承事無
空過者若復有人於後末世能受持讀誦
此經所得功德於我所供養諸佛功德百
分不及一千萬億分乃至算數譬喻所不
能及須菩提若善男子善女人於後末世
有受持讀誦此經所得功德我若具說者
或有人聞心則狂亂狐疑不信須菩提當
知是經義不可思議果報亦不可思議爾
時須菩提白佛言世尊善男子善女人發
阿耨多羅三藐三菩提心云何應住云何
降伏其心佛告須菩提善男子善女人發

阿耨多羅三藐三菩提心者當生如是心
我應滅度一切眾生滅度一切眾生已而
無有一眾生實滅度者何以故須菩提若
菩薩有我相人相眾生相壽者相則非菩
薩所以者何須菩提實無有法發阿耨多
羅三藐三菩提心者須菩提於意云何如
來於然燈佛所有法得阿耨多羅三藐三
菩提不不也世尊如我解佛所說義佛於
然燈佛所無有法得阿耨多羅三藐三菩
提佛言如是如是須菩提實無有法如來
得阿耨多羅三藐三菩提須菩提若有法
如來得阿耨多羅三藐三菩提者然燈佛
則不與我授記汝於來世當得作佛號釋
迦牟尼以實無有法得阿耨多羅三藐三
菩提是故然燈佛與我授記作是言汝於
來世當得作佛號釋迦牟尼何以故如來

者即諸法如義若有人言如来得阿耨多
羅三藐三菩提須菩提實無有法佛得阿
耨多羅三藐三菩提須菩提如来所得阿
耨多羅三藐三菩提於是中無實無虛是
故如来説一切法皆是佛法須菩提所言
一切法者即非一切法是故名一切法須
菩提譬如人身長大須菩提言世尊如来
説人身長大則為非大身是名大身須菩
提菩薩亦如是若作是言我當滅度無量
衆生則不名菩薩何以故須菩提實無有
法名為菩薩是故佛説一切法無我無人
無衆生無壽者須菩提若菩薩作是言我
當莊嚴佛土是不名菩薩何以故如来説
莊嚴佛土者即非莊嚴是名莊嚴須菩提
若菩薩通達無我法者如来説名真是菩
薩須菩提於意云何如来有肉眼不如是

世尊如來有肉眼須菩提於意云何如來
有天眼不如是世尊如來有天眼須菩提
於意云何如來有慧眼不如是世尊如來
有慧眼須菩提於意云何如來有法眼不
如是世尊如來有法眼須菩提於意云何
如來有佛眼不如是世尊如來有佛眼須
菩提於意云何如恒河中所有沙佛說是
沙不如是世尊如來說是沙須菩提於意
云何如一恒河中所有沙有如是沙等恒
河是諸恒河所有沙數佛世界如是寧為
多不甚多世尊佛告須菩提爾所國土中
所有衆生若干種心如來悉知何以故如
來說諸心皆為非心是名為心所以者何
須菩提過去心不可得現在心不可得未
來心不可得須菩提於意云何若有人滿
三千大千世界七寶以用布施是人以是

因緣得福多不如是世尊此人以是因緣
得福甚多須菩提若福德有實如來不說
得福德多以福德無故如來說得福德多
須菩提於意云何佛可以具足色身見不
不也世尊如來不應以具足色身見何以
故如來說具足色身即非具足色身是名
具足色身須菩提於意云何如來可以具
足諸相見不不也世尊如來不應以具足
諸相見何以故如來說諸相具足即非具
足是名諸相具足須菩提汝勿謂如來作
是念我當有所說法莫作是念何以故若
人言如來有所說法即為謗佛不能解我
所說故須菩提說法者無法可說是名說
法爾時慧命須菩提白佛言世尊頗有眾
生於未來世聞說是法生信心不佛言須
菩提彼非眾生非不眾生何以故須菩提

眾生眾生者如來說非眾生是名眾生須
菩提白佛言世尊佛得阿耨多羅三藐三
菩提為無所得耶佛言如是如是須菩提
我於阿耨多羅三藐三菩提乃至無有少
法可得是名阿耨多羅三藐三菩提復次
須菩提是法平等無有高下是名阿耨多
羅三藐三菩提以無我無人無眾生無壽
者修一切善法則得阿耨多羅三藐三菩
提須菩提所言善法者如來說即非善法
是名善法須菩提若三千大千世界中所
有諸須彌山王如是等七寶聚有人持用
布施若人以此般若波羅蜜經乃至四句
偈等受持讀誦為他人說於前福德百分
不及一百千萬億分乃至算數譬喻所不
能及須菩提於意云何汝等勿謂如來作
是念我當度眾生須菩提莫作是念何以

故實無有衆生如來度者若有衆生如來
度者如來則有我人衆生壽者須菩提如
來說有我者則非有我而凡夫之人以為
有我須菩提凡夫者如來說則非凡夫是
名凡夫須菩提於意云何可以三十二相
觀如來不須菩提言如是如是以三十二
相觀如來佛言須菩提若以三十二相觀
如來者轉輪聖王則是如來須菩提白佛
言世尊如我解佛所說義不應以三十二
相觀如來爾時世尊而說偈言

若以色見我以音聲求我
是人行邪道不能見如來

須菩提汝若作是念如來不以具足相故
得阿耨多羅三藐三菩提須菩提莫作是
念如來不以具足相故得阿耨多羅三藐
三菩提須菩提汝若作是念發阿耨多羅

三藐三菩提心者說諸法斷滅莫作是念
何以故發阿耨多羅三藐三菩提心者於
法不說斷滅相須菩提若菩薩以滿恒河
沙等世界七寶持用布施若復有人知一
切法無我得成於忍此菩薩勝前菩薩所
得功德何以故須菩提以諸菩薩不受福
德故須菩提白佛言世尊云何菩薩不受
福德須菩提菩薩所作福德不應貪著是
故說不受福德須菩提若有人言如来若
来若去若坐若臥是人不解我所說義何
以故如来者無所從来亦無所去故名如
来須菩提若善男子善女人以三千大千
世界碎為微塵於意云何是微塵衆寧為
多不須菩提言甚多世尊何以故若是微
塵衆實有者佛則不說是微塵衆所以者
何佛說微塵衆則非微塵衆是名微塵衆

世尊如來說三千大千世界則非世界
是名世界何以故若世界實有者則是一
合相如來說一合相則非一合相是名一
合相須菩提一合相者則是不可說但凡
夫之人貪著其事須菩提若人言佛說我
見人見眾生見壽者見須菩提於意云何
是人解我所說義不不也世尊是人不解
如來所說義何以故世尊說我見人見眾
生見壽者見即非我見人見眾生見壽者
見是名我見人見眾生見壽者見須菩提
發阿耨多羅三藐三菩提心者於一切法
應如是知如是見如是信解不生法相須
菩提所言法相者如來說即非法相是名
法相須菩提若有人以滿無量阿僧祇世
界七寶持用布施若有善男子善女人發
菩薩心者持於此經乃至四句偈等受持

讀誦為人演說 其福勝彼 云何為人演說

不取於相 如如不動 何以故

一切有為法 如夢幻泡影

如露亦如電 應作如是觀

佛說是經已 長老須菩提 及諸比丘 比丘

尼優婆塞優婆夷 一切世間天人阿修羅

聞佛所說 皆大歡喜 信受奉行

金剛般若波羅蜜經

真言

那謨婆伽跋帝 鉢喇壤 波羅弭多曳

唵 伊利底 伊室利 輸盧馱 毘舍耶

毘舍耶 莎婆訶

寫・金剛經【A4好寫大字本】：能斷一切執著，與現實生活契合圓融的自我修行

範帖書寫　張明明
封面設計　莊謹銘
內頁排版　高巧怡
行銷企劃　蕭浩仰、江紫涓
行銷統籌　駱漢琦
業務發行　邱紹溢
營運顧問　郭其彬
責任編輯　林芳吟
總編輯　李亞南

出版　漫遊者文化事業股份有限公司
地址　台北市103大同區重慶北路二段88號2樓之6
電話　(02) 2715-2022
傳真　(02) 2715-2021
服務信箱　service@azothbooks.com
網路書店　www.azothbooks.com
臉書　www.facebook.com/azothbooks.read
發行　大雁出版基地
地址　新北市231新店區北新路三段207-3號5樓
電話　(02) 8913-1005
訂單傳真　(02) 8913-1056
初版二刷　2024年7月
定價　台幣380元